JULIE SOUCAIL

j'adore !

Currys végétariens

Des plats complets super sains

Photographies :
Atelier Mai 98 / Ahne Ferreira
Stylisme :
Julie Soucail

SOLAR
EDITIONS

L'édito

La cuisine végétarienne rencontre un succès croissant. Nous sommes aujourd'hui de plus en plus nombreux à nous tourner vers ce mode d'alimentation qui préserve notre santé et qui respecte davantage l'environnement.
Autrefois synonyme d'un certain ascétisme, la cuisine végétarienne prend aujourd'hui de nouvelles formes et de nouvelles couleurs et puise son inspiration dans différents répertoires culinaires.

La cuisine asiatique a une longue tradition en matière de cuisine végétarienne et en Inde, comme en Chine, la nourriture fait partie intégrante de la médecine.
Les currys, ces mélanges d'épices qui varient infiniment selon les cuisiniers et les régions, offrent un terrain privilégié pour des associations joyeuses et gourmandes qui permettent de mettre à l'honneur différents légumes, légumineuses, oléagineux... Cette cuisine colorée et chaleureuse offre de multiples possibilités d'associations et de créativité culinaire.

Cet ouvrage propose des recettes variées pour une cuisine quotidienne ou plus festive. En faisant la part belle aux légumes de saison, ces recettes vous permettront de composer des menus complets, sains et savoureux pour vous régaler en famille et entre amis.

Les currys, ***j'adore !*** Et vous ?

Julie Soucail

Qui suis-je ?
Auteure de livres de cuisine et styliste culinaire depuis 2005, je travaille pour l'édition, la presse, les agences de communication et les services marketing. La cuisine végétarienne et végétalienne m'inspirent particulièrement mais, gourmande et curieuse avant tout, je prends plaisir à travailler tous les registres. Je m'inspire de répertoires très variés, à la recherche de la recette dont le petit plus fera d'un plat simple et ordinaire un vrai moment de plaisir.

j'adore...

Beendhi
Ghee
Beurre clarifié
145 g
POUR
10
LITRES
Beendhi
Bouillon
LE TONIQUE
CURCUMA ET GINGEMBRE
En poudre

La recette en or de l'invité
BEENDHI

Curry Beendhi de légumes d'automne au lait de coco

POUR 4 PERSONNES

Préparation : 15 min

Cuisson : 10 à 15 min

1 chou romanesco

2 carottes

2 petites pommes de terre

1 oignon

3 cuil. à café de bouillon Le Tonique Beendhi®

1 bâton de cannelle

2 clous de girofle

40 cl de lait de coco

1 cuil. à soupe de ghee

Sel, poivre

Détachez les têtes du chou romanesco et rincez-les. Pelez, lavez et détaillez les carottes en bâtonnets. Pelez, lavez et détaillez les pommes de terre en huit. Pelez et coupez l'oignon en lamelles.

Faites chauffer le ghee dans une cocotte et faites-y revenir l'oignon pendant 1 minute, ajoutez la cannelle et les clous de girofle et faites chauffer encore 2 minutes.

Ajoutez les légumes, 2/3 du lait de coco, 10 cl d'eau et le bouillon. Poivrez généreusement, salez et faites cuire à couvert 10 à 15 minutes jusqu'à ce que les pommes de terre soient cuites.

Ajoutez le lait de coco restant et servez aussitôt.

Notes

Vous pouvez accompagner ce curry d'un riz ou de lentilles Beendhi®.

Beendhi

Beendhi fabrique dans son propre atelier en France des produits, 100 % bio, végétariens, gourmands, sains et pratiques. Pensés pour se simplifier la vie, sans renoncer au goût ni à l'équilibre !
Retrouvez les produits Beendhi en magasins bio, épiceries fines et sur le site **www.beendhi.com.**

… les currys : pour commencer

Les ustensiles de base

1 Un épluche-légumes, un bon couteau, une planche à découper pour la préparation des légumes.

2 Une casserole de taille moyenne.

3 Une passoire.

4 Une poêle assez grande ou un wok.

5 Une spatule ou une cuillère en bois.

6 Un mortier ou un petit mixeur à herbes pour écraser les épices, préparer les poudres de curry, concasser les noix de cajou, les amandes, les cacahuètes...

7 Un verre doseur pour mesurer les liquides (bouillon, lait de coco...) et le volume des légumineuses.

8 De petits ramequins pour répartir les différentes épices.

Mais aussi :

- Une balance.
- Un mixeur plongeant est aussi recommandé pour mixer certaines sauces.

Les conseils de base

Les épices

Choisissez toujours des épices de qualité, elles sont garantes de la réussite et de la saveur de vos plats. Conservez-les dans de petits bocaux hermétiques qui les protègeront de l'humidité. Rangez-les à l'abri de la lumière et de la chaleur.
Si vous confectionnez vous-même vos poudres de curry, préparez-les en petites quantités car, une fois moulues, les épices perdent rapidement leurs arômes.
Privilégiez le mortier ou un petit moulin à café pour écraser les épices. Un petit mixeur à herbes permet de gagner du temps, mais préservera moins les arômes.

Les piments

Leur utilisation doit se faire avec parcimonie, car leur force peut gâter irrémédiablement la saveur d'un plat en écrasant le goût des autres ingrédients.
Coupez-les en deux, puis égrainez-les avec la pointe d'un couteau, faites-les ensuite revenir dans l'huile pour la parfumer. Retirez les piments au moment de servir.
Lors de leur préparation, protégez vos mains ou lavez-les soigneusement, ainsi que tout ustensile dont vous vous serez servi.

Les légumineuses

Il est recommandé de faire tremper certaines légumineuses, comme les pois chiches ou les pois cassés, car cette opération permet de raccourcir le temps de cuisson et de les rendre plus digestes.
Évitez de saler lors de la cuisson des légumineuses, le sel a pour effet d'allonger le temps de cuisson.

Le tofu

Privilégiez absolument un tofu issu de l'agriculture biologique. Le soja, ingrédient principal du tofu, fait partie, avec le maïs, des cultures dans lesquelles les OGM sont les plus répandus.

Le placard de base

Épices et currys

- Graines de coriandre • Graines de cumin
- Graines de moutarde jaune et noire
- Poivre noir en grains • Clous de girofle
- Gousses de cardamome • Noix de muscade
- Cannelle en poudre et en bâtons
- Feuilles de curry • Feuilles de laurier
- Curcuma • Garam masala
- Piment de Cayenne • Curry doux
- Pâte de curry rouge • Pâte de curry vert
- Pâte de curry jaune

Épicerie

- Huile neutre (tournesol, canola, pépins de raisin) • Huile de coco • Beurre • Lait de coco
- Bouillon de légumes en cube • Fécule de maïs
- Farine • Concentré de tomates
- Sauce soja • Nuoc-mâm
- Sucre • Cassonade • Sel

Ingrédients frais

- Racine de gingembre (gingembre en poudre à défaut) • Échalote • Ail • Oignon
- Piment rouge • Piment vert
- Yaourt à la grecque ou bulgare
- Persil • Coriandre • Citron

Graines et fruits secs

- Noix de coco râpée
- Noix de cajou non salées
- Cacahuètes non salées • Graines de sésame
- Amandes émondées entières et effilées
- Raisins secs

Les recettes de base

Le curry doux

POUR 1 PETIT POT Préparation : 10 min • Cuisson : 10 min

10 feuilles de curry déshydratées (à remplacer par 2 petites feuilles de laurier si nécessaire)
1 cuil. à soupe de graines de coriandre • 1 cuil. à soupe de graines de cumin
1 cuil. à soupe de curcuma • ½ cuil. à soupe de graines de moutarde noire
½ cuil. à soupe de poivre noir en grains • ½ cuil. à café de fenugrec
½ cuil. à café de graines de fenouil • ½ cuil. à café de clous de girofle
½ cuil. à soupe de piment en poudre • ¼ cuil. à café de piment en poudre fort

1 **Émiettez** les feuilles de curry.

2 **Torréfiez,** dans une poêle chaude, les graines de coriandre, le poivre noir, le fenugrec, les graines de fenouil et les clous de girofle, pendant 4 minutes, à feu doux, tout en remuant. Ajoutez les graines de moutarde et de cumin et poursuivez la cuisson pendant 3 minutes, puis incorporez les feuilles de curry et faites encore griller pendant 2 minutes supplémentaires.

3 **Transvasez** les épices dans un récipient et laissez-les refroidir, puis écrasez-les le plus finement possible, par petites quantités, de préférence avec un mortier (vous pouvez aussi utiliser un moulin à café ou un petit mixeur).

4 **Incorporez** ensuite les piments en poudre et le curcuma. Mélangez bien l'ensemble, puis transvasez-le dans un bocal hermétique.

Notes

En Inde, les recettes de poudre de curry sont infinies et propres à chaque cuisinier. Adaptez cette recette de base selon votre goût, en variant les quantités d'épices. Vous pouvez utiliser du piment fort pour un résultat plus *spicy*, des oignons déshydratés (½ cuillerée à soupe) et de l'ail déshydraté (½ cuillerée à soupe) ou, encore, des graines de cardamome (½ cuillerée à café) pour plus de saveur. N'hésitez pas à remplacer les feuilles de curry par des feuilles de laurier si vous ne pouvez pas vous en procurer.

Préférez le mortier au mixeur électrique pour préserver les arômes des épices. Préparez votre poudre de curry en petite quantité afin de l'utiliser rapidement pour qu'elle ne s'évente pas.

Le ghee (beurre clarifié)

POUR 20 CL ENVIRON Préparation : 5 min • Cuisson : 20 min

500 g de beurre non salé

Coupez le beurre en dés et faites-le chauffer à feu doux pendant 20 minutes environ, sans le remuer, jusqu'à ce qu'il colore et commence à sentir la noisette. Le beurre va alors se séparer en 3 couches.

Retirez soigneusement l'écume à la surface avec une cuillère, puis versez très doucement la partie claire, sous l'écume, dans un récipient : c'est le ghee. Jetez le dépôt qui reste sur le fond de la casserole.

Conservez le ghee dans un bocal hermétique, à température ambiante, pendant plusieurs mois. Il ne rancit pas.

Notes

Vous pouvez également le parfumer en y ajoutant 1 pincée de curcuma.

Plus sain et savoureux que du beurre, le ghee est un ingrédient incontournable de la cuisine indienne et dont la médecine ayurvédique préconise les vertus. Simple à préparer, il se conserve plusieurs semaines dans un bocal hermétique au frais ou à température ambiante.

La clarification du beurre permet d'éliminer le lactose et la caséine, ce qui a pour effet de le rendre beaucoup plus digeste. Par ailleurs, débarrassé de ses impuretés, le beurre clarifié peut être chauffé à des températures bien supérieures au beurre normal et sans effets toxiques.

Garam masala

POUR 1 PETIT POT Préparation : 10 min • Cuisson : 7 min

5 cm d'écorce de cannelle • 2 cuil. à café de graines de coriandre
2 cuil. à café de poivre noir en grain • 4 clous de girofle
1 cuil. à café de graines de cumin • ¼ cuil. à café de noix de muscade fraîchement râpée

Brisez l'écorce de cannelle en petits morceaux. Dans une poêle chaude sans matière grasse, torréfiez les graines de coriandre, le poivre noir, les clous de girofle et la cannelle pendant 4 minutes à feu doux. Ajoutez les graines de cumin et prolongez la cuisson pendant 2 minutes, puis ajoutez la noix de muscade râpée et laissez sur le feu pendant 1 minute supplémentaire.

Transvasez le tout dans une assiette et laissez refroidir. Écrasez le mélange finement avec un mortier (de préférence) ou un petit mixeur. Conservez le mélange dans un bocal hermétique, consommez rapidement pour bénéficier de tous les arômes.

Pâte de curry rouge

POUR 100 G ENVIRON Préparation : 15 min • Cuisson : 3 min

5 petits piments rouges • 3 gousses d'ail • 2 échalotes • 1 tige de citronnelle
1 ½ cm de gingembre • 3 cuil. à soupe de tiges et de feuilles de coriandre hachées
2 cuil. à soupe d'huile d'arachide • 1 cuil. à café de graines de coriandre
1 cuil. à café de pâte de crevettes • 1 cuil. à café de sucre en poudre
1 cuil. à café de zestes de citron vert

Épépinez les piments rouges et coupez-les en morceaux. Épluchez et dégermez les gousses d'ail. Épluchez et hachez grossièrement les échalotes. Émincez la tige de citronnelle ainsi que le gingembre épluché. Écrasez légèrement les graines de coriandre dans un mortier, puis torréfiez-les pendant 2 à 3 minutes dans une poêle sèche sans matière grasse.

Disposez tous les ingrédients dans un petit mixeur. Mixez en incorporant l'huile petit à petit, jusqu'à ce que le mélange soit lisse. Conservez dans un récipient hermétique au frais jusqu'à 2 semaines. Vous pouvez également congeler cette pâte pour une utilisation ultérieure.

Pâte de curry vert

POUR 100 G ENVIRON Préparation : 15 min • Cuisson : 2 à 3 min

5 petits piments verts • 3 gousses d'ail • 2 échalotes
2 cuil. à soupe d'huile d'arachide • 1 cuil. à soupe de jus de citron vert
+ ½ cuil. à café de zestes râpés • 1 cuil. à soupe de tiges et feuilles de coriandre ciselées
1 cuil. à café de graines de coriandre • 1 cuil. à café de pâte de crevettes • 1 tige de citronnelle
½ cuil. à café de gingembre haché

Épépinez les piments verts, coupez-les en morceaux. Épluchez et dégermez les gousses d'ail. Épluchez et hachez grossièrement les échalotes. Émincez la tige de citronnelle ainsi que le gingembre épluché. Écrasez légèrement les graines de coriandre dans un mortier, puis torréfiez-les pendant 2 à 3 minutes dans une poêle sèche sans matière grasse.

Disposez tous les ingrédients dans un petit mixeur. Mixez en incorporant l'huile et le jus de citron petit à petit, jusqu'à ce que le mélange soit lisse. Conservez dans un récipient hermétique au frais jusqu'à 2 semaines. Vous pouvez également congeler cette pâte pour une utilisation ultérieure.

Pâte de curry jaune

POUR 100 G ENVIRON Préparation : 15 min • Cuisson : 2 min • Repos : 15 min

8 piments rouges séchés • 4 échalotes épluchées et grossièrement hachées
2 grosses gousses d'ail hachées • 2 cuil. à soupe d'huile • 1 cuil. à soupe de curry doux en poudre (recette p. 12) • 1 cuil. à soupe de citronnelle hachée • 2 cuil. à café de graines de coriandre
1 cuil. à café de graines de cumin • 1 cuil. à café de gingembre haché
1 cuil. à café de pâte de crevettes

Plongez les piments dans un bol d'eau chaude et laissez-les se réhydrater pendant 15 minutes. Écrasez légèrement les graines de coriandre et de cumin dans un mortier, faites-les torréfier dans une poêle chaude sans matière grasse pendant 2 à 3 minutes, jusqu'à ce que leurs arômes se dégagent.

Égouttez les piments, épépinez-les, puis coupez-les en morceaux. Rassemblez tous les ingrédients dans le bol d'un petit mixeur et mixez jusqu'à obtenir une pâte fine. Conservez dans un bocal hermétique au réfrigérateur et consommez dans les 2 semaines.

... les currys cocooning

Aloo palak (curry de pommes de terre aux épinards)

POUR 4 PERSONNES

Préparation : 20 min

Cuisson : 35 à 40 min

6 pommes de terre épluchées et coupées en dés

350 g de pousses d'épinard

2 tomates coupées en dés

1 oignon finement haché

2 gousses d'ail finement hachées

2 cuil. à soupe d'huile

1 cuil. à soupe de graines de coriandre

1 cuil. à café de graines de cumin

1 cuil. à café de garam masala (recette p. 14)

1 cuil. à café de curcuma

1 pincée d'asafoetida (facultatif)

1 pincée de piment en poudre

Sel

Disposez les pommes de terre dans une casserole et couvrez-les d'eau froide. Ajoutez 1 cuillerée à café de garam masala et faites cuire pendant 20 minutes à partir de l'ébullition jusqu'à ce que les pommes de terre soient tendres. Égouttez-les en conservant 2 cuillerées à soupe d'eau de cuisson.

Faites chauffer, pendant ce temps, l'huile dans une sauteuse et faites-y revenir les graines de cumin et de coriandre pendant 3 minutes à feu doux. Ajoutez l'oignon et l'ail hachés, les dés de tomates, le curcuma, l'asafoetida, le piment et le sel. Faites revenir le tout pendant 5 minutes, puis incorporez les épinards. Prolongez la cuisson pendant 3 minutes en mélangeant, jusqu'à ce que les épinards soient flétris, puis mixez le tout en une purée lisse en incorporant progressivement l'eau de cuisson réservée.

Disposez les pommes de terre cuites et égouttées dans la sauteuse avec la sauce. Faites réchauffer l'ensemble pendant 5 minutes à feu doux tout en remuant.

Notes

Servez avec un riz aux épices (recette p. 93).

Pommes de terre masala au yaourt

POUR 4 PERSONNES

Préparation : 20 min

Cuisson : 35 à 40 min

6 pommes de terre moyennes

3 oignons rouges

25 cl de yaourt à la grecque

2 cuil. à soupe d'huile

Le jus de ½ citron

2 petits piments verts épépinés et finement hachés

2 cuil. à soupe de coriandre ciselée

2 cuil. à café rases de curcuma

2 cuil. à café rases de graines de moutarde noire

2 cuil. à café rases de graines de cumin

5 grains de poivre noir légèrement écrasés

1 clou de girofle

Sel

Rincez les pommes de terre, puis disposez-les dans une casserole avec la peau et couvrez-les d'eau froide. Comptez 25 minutes environ de cuisson, à partir de l'ébullition. Quand les pommes de terre sont bien tendres, égouttez-les, laissez-les tiédir, puis coupez-les en dés.

Épluchez et coupez les oignons rouges en fines lamelles.

Faites chauffer l'huile dans une poêle ou une sauteuse, ajoutez les graines de moutarde et de cumin et laissez-les cuire à feu moyen quelques secondes, jusqu'à ce qu'elles commencent à grésiller. Ajoutez les piments verts, le curcuma, le poivre, le clou de girofle et 1 pincée de sel.

Faites revenir pendant quelques secondes, puis incorporez les oignons rouges émincés. Faites de nouveau revenir rapidement, puis ajoutez les pommes de terre. Mélangez bien.

Couvrez la poêle et laissez mijoter à feu doux pendant 10 minutes en remuant de temps en temps et en écrasant légèrement les pommes de terre.

Éteignez la flamme et incorporez le yaourt. Assaisonnez avec le jus du ½ citron, puis parsemez de coriandre ciselée.

Notes

Servez avec une salade de jeunes pousses d'épinard.

Curry japonais de légumes

POUR 4 PERSONNES

Préparation : 25 min

Cuisson : 35 min

200 g de chair de potiron

200 g de carottes

100 g de navets

3 pommes de terre

1 poireau

1 petit oignon

1 gousse d'ail

½ pomme

2 cuil. à soupe d'huile

1 cuil. à soupe de concentré de tomates

1 cuil. à soupe de curry doux (recette p. 12)

2 cubes de bouillon de légumes

1 cm de gingembre

2 cuil. à soupe de sauce soja

1 cuil. à soupe de graines de sésame

2 tiges de ciboules ou d'oignons nouveaux finement émincées

Sel

Pour le roux

2 cuil. à soupe de farine

1 cuil. à soupe d'huile de tournesol

2 cuil. à soupe de garam masala (recette p. 14)

Épluchez, rincez puis séchez les légumes. Détaillez-les en gros morceaux. Épluchez l'ail et l'oignon, émincez finement l'oignon, hachez l'ail. Épluchez la pomme et le gingembre, râpez la pomme, hachez finement le gingembre. Délayez le bouillon dans 1 l d'eau.

Préparez le roux. Faites chauffer l'huile à feu doux, ajoutez la farine en pluie, faites cuire en mélangeant sans cesse pendant environ 5 minutes, jusqu'à ce que cette pâte commence à brunir. Incorporez le garam masala et prolongez la cuisson pendant 10 minutes, en fouettant sans cesse, jusqu'à ce qu'elle soit lisse. Éteignez la flamme et réservez.

Chauffez l'huile dans une poêle et faites revenir les oignons pendant 4 à 5 minutes, jusqu'à ce qu'ils soient translucides. Ajoutez l'ail et le gingembre et poursuivez la cuisson pendant 1 minute, puis incorporez les carottes, les pommes de terre, les navets et le poireau. Faites revenir pendant 1 minute supplémentaire.

Ajoutez le curry et le concentré de tomates dilué dans un peu d'eau. Mélangez, puis versez le bouillon et portez doucement à ébullition. Faites cuire à couvert pendant 15 minutes, ajoutez le potiron, poursuivez la cuisson 10 minutes, les légumes doivent être encore un peu fermes.

Ajoutez la pomme râpée et la sauce soja, mélangez, puis incorporez le roux en remuant doucement. Faites cuire l'ensemble à feu moyen, en mélangeant, pendant 5 à 6 minutes, jusqu'à ce que la sauce devienne onctueuse et que les légumes soient cuits. Goûtez et rectifiez l'assaisonnement si nécessaire.

Servez parsemé des graines de sésame et de tiges de ciboules ou d'oignons nouveaux émincées.

Notes

Accompagnez avec un bol de riz ou des nouilles soba.

Curry crémeux de courgettes

POUR 4 PERSONNES

Préparation : 15 min

Cuisson : 20 à 25 min

800 g de courgettes

40 cl de fromage blanc

30 g de noix de coco râpée

2 piments verts épépinés et finement hachés

1 petit piment rouge déshydraté

3 cuil. à soupe de ghee (recette p. 13) ou d'huile

2 cuil. à café de fécule de maïs

2 cuil. à café de graines de moutarde (noire de préférence)

2 cuil. à café de nuoc-mâm

1 cuil. à café rase de sel

2 feuilles de curry (facultatif)

1 pincée de sucre en poudre

Rincez les courgettes et détaillez-les en rondelles d'environ ½ cm d'épaisseur.

Délayez la fécule de maïs dans 2 cuillerées à soupe d'eau froide.

Faites chauffer le ghee ou l'huile dans une poêle, ajoutez le piment rouge entier et les graines de moutarde et laissez cuire quelques secondes, jusqu'à ce qu'elles commencent à grésiller. Ajoutez les feuilles de curry émiettées et la noix de coco râpée puis, quelques secondes plus tard, mettez les courgettes, les piments émincés, le sucre et le nuoc-mâm. Mélangez, puis versez le fromage blanc et la fécule délayée.

Laissez mijoter à feu doux pendant 15 à 20 minutes jusqu'à ce que les courgettes soient tendres et la sauce onctueuse. Goûtez et rectifiez l'assaisonnement si nécessaire.

Notes

Servez avec du riz sauté (voir p. 92).

Chou-fleur à la noix de coco

POUR 4 PERSONNES

Préparation : 15 min

Cuisson : 15 à 20 min

1 beau chou-fleur

40 g de noix de coco râpée

25 cl de lait de coco

1 cuil. à soupe de ghee (recette p. 13) ou, à défaut, de beurre

2 cuil. à soupe d'huile de coco (ou, à défaut, d'huile neutre)

1 oignon épluché et haché

1 piment vert

1 feuille de laurier

1 cm de gingembre épluché et haché

1 cuil. à soupe de persil ciselé

½ cuil. à soupe de curcuma

½ cuil. à café de garam masala (recette p. 14)

½ cuil. à café de graines de cumin

¼ de cuil. à café de graines de moutarde

Sel

Préparez le chou-fleur : retirez les feuilles extérieures et séparez-le en bouquets. Rincez et séchez les bouquets, puis coupez-les en petits morceaux.

Écrasez les graines de moutarde et le gingembre à l'aide d'un mortier.

Faites chauffer l'huile dans un wok ou une poêle et faites-y revenir la pâte moutarde-gingembre avec le piment vert coupé en deux et la feuille de laurier, pendant 30 secondes. Ajoutez la noix de coco râpée, mélangez, puis incorporez l'oignon haché, les graines de cumin et le curcuma. Salez et faites revenir l'ensemble à feu moyen, pendant environ 4 minutes, jusqu'à ce que les oignons soient tendres.

Ajoutez le chou-fleur et le lait de coco, mélangez soigneusement, puis couvrez et laissez cuire pendant 10 à 12 minutes, à feu doux, jusqu'à ce que le chou-fleur soit tendre. Mélangez de temps en temps et ajoutez un peu d'eau en cours de cuisson si nécessaire.

Faites chauffer le ghee ou le beurre et faites-y revenir le garam masala pendant quelques secondes. Versez-le sur le chou-fleur et mélangez.

Servez chaud parsemé de persil ciselé.

Lentilles corail au lait de coco

POUR 4 PERSONNES

Préparation : 15 min

Cuisson : 15 à 20 min

280 g de lentilles corail

12 cl de lait de coco

200 g de tomates pelées en conserve (ou 3 tomates fraîches et mûres en saison)

50 g de carottes

1 oignon finement coupé

2 cuil. à soupe de noix de coco râpée

1 cuil. à soupe d'huile de coco (ou, à défaut, d'huile neutre)

1 bâton de cannelle

½ cube de bouillon de légumes

1 cuil. à café de graines de coriandre

½ cuil. à café de gingembre en poudre

½ bouquet de coriandre effeuillé et ciselé

1 pincée de piment de Cayenne

Citron vert pour assaisonner

Sel

Égouttez les tomates pelées et coupez-les en dés. Écrasez légèrement les graines de coriandre dans un mortier. Épluchez, rincez et coupez la carotte en très petits dés. Délayez le cube de bouillon dans 25 cl d'eau chaude.

Faites chauffer l'huile dans une casserole, ajoutez les graines de coriandre et laissez-les torréfier pendant 30 secondes. Ajoutez la noix de coco râpée, le gingembre et le piment, faites rissoler pendant 5 secondes, puis incorporez l'oignon coupé et les dés de carotte. Faites suer l'ensemble pendant environ 4 minutes, jusqu'à ce que l'oignon devienne translucide.

Versez les lentilles, mélangez pendant quelques secondes, puis incorporez les tomates, le lait de coco, le bouillon, le bâton de cannelle et 1 pincée de sel.

Mélangez bien et laissez mijoter très doucement pendant 10 à 15 minutes, en remuant de temps en temps, jusqu'à ce que les lentilles soient juste tendres (attention à ne pas les laisser trop cuire).

Éteignez la flamme, goûtez et rectifiez l'assaisonnement si nécessaire. Retirez le bâton de cannelle et servez chaud, parsemé de coriandre ciselée et accompagné de quartiers de citron vert pour assaisonner.

Curry de nouilles soba

POUR 4 PERSONNES

Préparation : 15 min

Cuisson : 15 min

200 g de nouilles soba
40 cl de lait de coco
1 cube de bouillon de légumes
1 petite carotte épluchée
½ poivron rouge
5 branches de coriandre effeuillées
1 petit oignon finement haché
1 gousse d'ail hachée
2 cuil. à soupe d'huile
1 cuil. à soupe de jus de citron
1 cuil. à soupe de sauce soja
1 cuil. à café de pâte de curry rouge (recette p. 14)
Sel

Faites cuire les nouilles soba dans un grand volume d'eau bouillante salée pendant 1 minute. Égouttez-les puis passez-les sous l'eau froide, égouttez à nouveau. Ajoutez 1 filet d'huile, mélangez et réservez.

Délayez le cube de bouillon de légumes dans 50 cl d'eau chaude. Chauffez 1 cuillerée d'huile dans une poêle ou un wok et faites-y revenir l'oignon et l'ail pendant 4 à 5 minutes. Délayez la pâte de curry rouge dans la poêle pendant 1 à 2 minutes. Versez le lait de coco, le bouillon et la sauce soja, mélangez jusqu'à ce que l'ensemble soit bien lisse, puis laissez mijoter pendant 5 minutes.

Rincez et séchez, pendant ce temps, la carotte et le poivron. Détaillez-les en très fines lanières. Faites chauffer le restant d'huile dans une poêle et faites sauter les légumes à feu vif pendant 2 minutes, ils doivent rester croquants.

Incorporez les légumes et les nouilles soba au bouillon, puis assaisonnez de jus de citron. Mélangez et servez immédiatement parsemé de coriandre.

… les currys énergétiques

Légumes nouveaux aux graines de chia

POUR 4 PERSONNES

Préparation : 25 min

Cuisson : 30 à 35 min

350 g de pommes de terre nouvelles

300 g de courgettes

250 g de carottes fanes

250 g de navets fanes

4 petits oignons nouveaux

2 gousses d'ail

4 cuil. à café de graines de chia

20 cl de lait de coco

3 cuil. à café de cannelle

3 cuil. à café de curcuma

2 cuil. à café de graines de coriandre

2 cuil. à café de graines de moutarde

2 cuil. à café de gingembre en poudre

2 cuil. à soupe d'huile

1 cube de bouillon de légumes

1 feuille de laurier

Sel

Épluchez et hachez l'ail, coupez les oignons nouveaux en quartiers. Épluchez les carottes, les navets et les courgettes en prélevant une bande sur deux. Rincez tous les légumes et séchez-les.

Coupez les carottes en bâtonnets, les courgettes en rondelles, les pommes de terre en cubes et les navets en quartiers. Délayez le cube de bouillon de légumes dans 20 cl d'eau chaude. Concassez légèrement les grains de coriandre.

Faites chauffer l'huile dans un wok ou une poêle, ajoutez les graines de moutarde et les graines de coriandre, laissez-les torréfier pendant 2 à 3 minutes à feu doux, jusqu'à ce qu'elles commencent à dorer. Ajoutez le curcuma et la feuille de laurier, faites revenir le tout pendant 30 secondes. Ajoutez la cannelle et le gingembre, puis faites revenir pendant 30 secondes. Incorporez l'ail et l'oignon et faites suer l'ensemble pendant 4 minutes.

Ajoutez les légumes, puis le lait de coco et le bouillon, salez, couvrez et laissez cuire pendant 20 à 25 minutes jusqu'à ce que les légumes soient juste tendres.

Hors du feu, parsemez de graines de chia avant de servir.

Pois cassés, chou kale et tofu

POUR 4 PERSONNES

Préparation : 25 min

Cuisson : 55 min à 1 h

Trempage : 1 h

200 g de pois cassés

200 g de chou kale

150 g de tofu ferme coupé en petits dés

½ oignon haché

2 cuil. à soupe d'huile

1 cuil. à café de curcuma

1 cuil. à soupe de concentré de tomates

1 cuil. à soupe de graines de coriandre

1 cuil. à café de graines de cumin

1 cuil. à soupe de feuilles de coriandre ciselées

1 pincée de piment

Sel

Rincez les pois cassés plusieurs fois jusqu'à ce que l'eau soit claire. Faites-les tremper pendant 1 heure. Disposez-les dans une casserole, versez quatre fois leur volume d'eau, ajoutez le curcuma, portez à ébullition et laissez cuire pendant 35 à 40 minutes à petits bouillons. Égouttez-les en conservant 2 cuillerées à soupe d'eau de cuisson.

Rincez et séchez les feuilles de chou kale, retirez leurs côtes, puis hachez-les grossièrement. Concassez grossièrement les graines de coriandre.

Chauffez 1 cuillerée à soupe d'huile dans une poêle ou un wok, faites-y sauter les dés de tofu pendant 5 minutes. Réservez.

Versez le restant d'huile dans la poêle et faites-y torréfier les graines de cumin et de coriandre avec le piment pendant 2 minutes à feu doux. Réservez les graines hors du feu et remplacez-les dans la poêle par l'oignon haché. Faites suer pendant 5 minutes.

Délayez le concentré de tomates avec 3 cuillerées à soupe d'eau. Mixez les graines torréfiées avec les oignons en ajoutant l'eau de cuisson réservée, jusqu'à obtenir une pâte lisse.

Versez la pâte dans la poêle et délayez-la en ajoutant 12 cl d'eau. Portez doucement à ébullition, salez, puis ajoutez les pois cassés, le chou kale et le tofu. Faites réduire la sauce, tout en mélangeant, pendant environ 5 minutes. Vérifiez la cuisson du chou kale. Goûtez et rectifiez l'assaisonnement si nécessaire puis complétez-le avec un peu de piment et de la coriandre ciselée.

Pois chiches au potiron

POUR 4 PERSONNES

Préparation : 20 min

Cuisson : 20 min

400 g de pois chiches cuits, en conserve, égouttés

800 g de chair de potiron coupée en dés de 3 cm

250 g de tomates concassées

40 cl de lait de coco

40 g de noix de cajou non salées

1 cube de bouillon de légumes

2 cuil. à soupe d'huile

1 oignon finement haché

3 gousses d'ail finement hachées

4 cm de gingembre épluché et haché

2 feuilles de laurier émiettées

1 petit piment rouge

2 cuil. à café de graines de coriandre

2 cuil. à café de graines de cumin

2 cuil. à café de garam masala (recette p. 14)

2 cuil. à café de curcuma

1 cuil. à café de cannelle en poudre

½ bouquet de coriandre

Sel

Écrasez légèrement les graines de coriandre et de cumin dans un mortier. Coupez le piment en deux. Effeuillez la coriandre, hachez les tiges et les feuilles séparément. Délayez le cube de bouillon dans 20 cl d'eau chaude. Concassez les noix de cajou et faites-les dorer dans une poêle sans matière grasse, réservez.

Faites chauffer l'huile dans un wok ou une poêle et faites-y revenir le piment rouge, les graines de coriandre et de cumin, les feuilles de laurier et le gingembre, pendant 3 minutes, à feu doux. Ajoutez l'oignon, l'ail, les tiges de coriandre et les tomates, puis faites revenir le tout pendant 4 minutes. Ajoutez la cannelle, le curcuma, salez, puis mélangez et portez doucement à ébullition.

Incorporez le potiron et les pois chiches. Versez le lait de coco et le bouillon, couvrez et laissez mijoter à feu très doux pendant 10 minutes jusqu'à ce que le potiron soit tendre.

Retirez le couvercle pour faire épaissir la sauce. Ajoutez le garam masala, goûtez et rectifiez l'assaisonnement si nécessaire.

Servez le curry parsemé de feuilles de coriandre et de noix de cajou concassées.

Lentilles aux épinards

POUR 4 PERSONNES

Préparation : 20 min

Cuisson : 40 min

700 g d'épinards chinois (ou, à défaut, d'épinards classiques)

400 g de lentilles vertes

50 cl de lait de coco

1 oignon finement haché

1 cuil. à soupe de cacahuètes non salées

2 cuil. à café d'huile de coco (ou, à défaut, d'huile neutre)

1 cuil. à café de pâte de curry rouge (recette p. 14)

1 cuil. à café de curry doux en poudre (recette p. 12)

1 petit piment rouge épépiné et haché (facultatif)

Sel

Équeutez les épinards, rincez-les et égouttez-les. Concassez grossièrement les cacahuètes. Faites-les griller dans une poêle sans matière grasse et réservez.

Faites cuire les lentilles dans trois fois leur volume d'eau froide non salée pendant 20 à 25 minutes. Elles doivent être al dente. Égouttez-les et réservez-les.

Faites chauffer l'huile dans une poêle ou un wok, faites-y revenir pendant 4 minutes l'oignon haché, puis ajoutez la pâte de curry. Délayez-la dans l'huile pendant 1 à 2 minutes.

Versez le lait de coco, ajoutez le curry en poudre, salez, mélangez, puis incorporez les lentilles. Portez doucement à ébullition, puis ajoutez les épinards. Laissez cuire tout en mélangeant jusqu'à ce qu'ils flétrissent.

Hors du feu, parsemez de cacahuètes grillées et de piment haché pour un goût plus relevé.

Dahl aux 3 lentilles

POUR 4 PERSONNES

Préparation : 15 min

Cuisson : 35 min

80 g de lentilles vertes

80 g de lentilles blondes

80 g de lentilles corail

1 tomate coupée en petits dés

2 gousses d'ail hachées

1 cm de gingembre épluché et haché

2 cuil. à café de ghee (recette p. 13) ou, à défaut, de beurre

1 cuil. à café de graines de cumin

1 cuil. à café de curcuma

½ cuil. à café de graines de moutarde

2 piments verts épépinés et hachés grossièrement

1 piment rouge épépiné et haché grossièrement

1 cuil. à soupe de persil ciselé

1 pincée de sucre en poudre

Sel

Mesurez le volume des lentilles dans un verre doseur, puis mesurez trois fois leur volume d'eau.

Versez l'eau dans une casserole, ne salez pas, ajoutez les lentilles blondes et les lentilles vertes. Portez à ébullition et faites cuire pendant 10 minutes à petits frémissements. Ajoutez les lentilles corail et prolongez la cuisson pendant 15 minutes. Égouttez les lentilles au-dessus d'un récipient.

Mixez la moitié des lentilles avec la moitié de l'eau de cuisson, réservez le reste des lentilles.

Chauffez le ghee ou le beurre dans une poêle ou un wok, torréfiez les graines de moutarde et de cumin avec les piments verts pendant 2 minutes. Ajoutez le gingembre, l'ail et la tomate, faites revenir l'ensemble pendant 3 minutes. Ajoutez le curcuma et le sucre, incorporez les lentilles en purée, puis les lentilles entières.

Salez, mélangez et laissez cuire doucement pendant 3 à 4 minutes jusqu'à ce que l'ensemble soit bien chaud. Goûtez et rectifiez l'assaisonnement si nécessaire.

Servez parsemé de persil ciselé et de piment rouge haché.

Pilaf d'amarante

POUR 4 PERSONNES

Préparation : 15 min

Cuisson : 35 à 40 min

150 g d'amarante

125 g de yaourt bulgare

50 g de lentilles blondes

25 g de carotte épluchée et rincée

25 g de courgette épluchée

2 cm de céleri-branche rincé

½ oignon finement haché

2 gousses d'ail hachées

1 cube de bouillon de légumes

2 cuil. à soupe de curry doux (recette p. 12)

2 cuil. à soupe de coriandre ciselée

1 cuil. à soupe d'huile de coco (ou, à défaut, d'huile neutre)

2 cuil. à café de garam masala (recette p. 14)

1 pincée de piment rouge

Sel

Détaillez les morceaux de carotte, de courgette et de céleri en très petits dés. Délayez le bouillon de légumes dans 70 cl d'eau chaude.

Faites chauffer l'huile de coco dans une poêle ou un wok et faites-y revenir l'oignon et l'ail hachés ainsi que les légumes en dés, pendant 5 minutes, à feu doux. Versez l'amarante et les lentilles, saupoudrez de curry, remuez pendant 1 minute, puis versez le bouillon.

Faites cuire à petits frémissements pendant environ 30 minutes jusqu'à ce que les lentilles soient bien tendres. Prolongez la cuisson si nécessaire en ajoutant un peu d'eau, la préparation doit être onctueuse.

Incorporez le garam masala, puis le yaourt, mélangez pendant 1 minute. Goûtez et salez légèrement si nécessaire (le bouillon contient déjà du sel).

Servez parsemé de piment en poudre et de coriandre ciselée.

Notes

Accompagnez ce curry avec du pain, des naans ou des chapatis.

Curry thaï de légumes verts au tofu

POUR 4 PERSONNES

Préparation : 25 min

Cuisson : 40 min

120 g de haricots verts
120 g de pois gourmands
100 g de fleurettes de brocolis
100 g de petits pois écossés, frais ou surgelés
225 g de tofu ferme
200 g de petites pommes de terre nouvelles
20 cl de lait de coco
3 petites échalotes hachées
1 grosse gousse d'ail hachée
1 cm de gingembre frais épluché et haché
1 cube de bouillon de légumes
2 cuil. à soupe d'huile
2 cuil. à soupe de nuoc-mâm
2 cuil. à soupe de sauce soja
1 cuil. à soupe rase de cassonade
1 cuil. à café de pâte de curry vert (recette p. 15)
5 branches de coriandre
Le jus de 1 citron vert
Sel

Lavez et essuyez les pommes de terre, puis coupez-les en quartiers. Équeutez les haricots verts. Rincez et égouttez les légumes. Coupez les pois gourmands et les haricots verts en deux. Disposez le tofu entre deux feuilles de papier absorbant pour l'éponger, puis détaillez-le en gros cubes. Délayez le cube de bouillons dans 25 cl d'eau.

Faites chauffer l'huile dans un wok ou une poêle, délayez-y la pâte de curry vert pendant 1 minute. Ajoutez l'ail, les échalotes et le gingembre, faites suer l'ensemble pendant 4 minutes, tout en mélangeant. Ajoutez le tofu et les pommes de terre et faites revenir pendant 2 minutes en continuant de remuer.

Versez le bouillon et le lait de coco, ajoutez la sauce nuoc-mâm, la cassonade et la sauce soja, mélangez jusqu'à ce que l'ensemble soit homogène. Portez doucement à ébullition et laissez cuire pendant 20 minutes. Incorporez ensuite les légumes verts et laissez cuire pendant 10 minutes.

Vérifiez la cuisson des légumes puis, hors du feu, incorporez le jus de citron et mélangez. Goûtez et rectifiez l'assaisonnement si nécessaire. Déchiquetez grossièrement la coriandre et parsemez-la sur le plat avant de servir.

Notes

Pour une recette express, remplacez les légumes verts frais par un mélange de légumes surgelés.

Curry d'orge aux raisins et amandes

POUR 4 PERSONNES

Préparation : 15 min

Cuisson : 1 h

Trempage : 1 h

260 g d'orge perlé

115 g de pois cassés

3 cuil. à soupe de raisins secs

3 cuil. à soupe d'amandes effilées

2 tomates

2 oignons finement hachés

1 piment vert

2 cuil. à soupe de coriandre fraîche, ciselée

2 cuil. à soupe de ghee (recette p. 13) ou, à défaut, de beurre

1 cuil. à café de graines de cumin

1 cube de bouillon de légumes

1 pincée d'asafoetida (ou, à défaut, d'ail déshydraté)

2 cuil. à café de curcuma

1 cuil. à café de garam masala (recette p. 14)

Pour servir

Yaourts à la grecque

Rincez les pois cassés plusieurs fois jusqu'à ce que l'eau soit claire, puis faites-les tremper pendant 1 heure. Disposez-les dans une casserole et versez quatre fois leur volume d'eau, ajoutez le curcuma, portez à ébullition et laissez cuire pendant 35 minutes environ, jusqu'à ce que les pois cassés soient juste cuits. Égouttez-les et réservez.

Épépinez et hachez finement le piment vert. Rincez et séchez les tomates, puis coupez-les en dés. Délayez le bouillon de légumes dans 1,2 l d'eau chaude.

Faites chauffer le ghee ou le beurre dans une sauteuse et faites-y revenir les graines de cumin pendant 30 secondes, ajoutez le piment vert et l'asafoetida, prolongez la cuisson pendant 30 secondes, puis incorporez les oignons. Laissez cuire à feu moyen jusqu'à ce qu'ils soient translucides.

Ajoutez l'orge, mélangez pendant 1 minute, incorporez les tomates, le curcuma et les raisins secs. Versez le bouillon, mélangez à nouveau et laissez cuire doucement pendant 25 minutes, en remuant de temps en temps et en ajoutant un peu d'eau en cours de cuisson si nécessaire. Incorporez les pois cassés cuits 5 minutes avant la fin de la cuisson. Hors du feu, ajoutez le garam masala et mélangez.

Faites dorer les amandes effilées dans une poêle sans matière grasse, à feu moyen, en remuant sans cesse.

Parsemez, lorsque le curry est cuit, de coriandre fraîche et d'amandes grillées. Servez accompagné de yaourts à la grecque.

… les currys light

Brocolis et carottes au curry jaune

POUR 4 PERSONNES

Préparation : 15 min

Cuisson : 20 min

2 brocolis

300 g de carottes

2 cuil. à soupe d'huile de coco (ou, à défaut, d'huile neutre)

1 cuil. à café de fécule de maïs

1 cube de bouillon de légumes

1 cuil. à café de pâte de curry jaune (recette p. 15)

Sel, poivre

Rincez et séchez les brocolis, puis séparez-les en petits bouquets. Épluchez, rincez et séchez les carottes. Détaillez-les en biseaux. Délayez le bouillon dans 50 cl d'eau chaude. Mélangez la fécule avec 1 cuillerée à soupe d'eau froide.

Chauffez l'huile de coco dans un wok ou une poêle et délayez-y la pâte de curry. Ajoutez d'abord les carottes, faites-les sauter pendant 1 minute, puis ajoutez les brocolis.

Versez le bouillon et la fécule délayée, faites cuire à petits frémissements pendant 15 minutes puis laissez réduire pendant quelques minutes. Poivrez hors du feu. Goûtez et rectifiez l'assaisonnement si nécessaire.

Notes

Servez avec du quinoa ou du riz blanc.

Curry thaï de citrouille

POUR 4 PERSONNES

Préparation : 15 min

Cuisson : 30 min

800 g de citrouille épluchée et coupée en cubes

2 oignons nouveaux émincés

2 gousses d'ail hachées

1 cm de gingembre épluché et haché

1 cube de bouillon de légumes

2 cuil. à soupe d'huile de coco (ou, à défaut, d'huile neutre)

1 cuil. à café de fécule de maïs

1 cuil. à soupe de sauce soja

1 cuil à café de pâte de curry rouge (recette p. 14)

Le zeste de ½ citron vert

1 citron vert

Mélangez le cube de bouillon avec 50 cl d'eau chaude. Délayez la fécule dans 1 cuillerée à soupe d'eau froide.

Faites revenir pendant 5 minutes les oignons, l'ail et le gingembre dans l'huile de coco. Ajoutez la pâte de curry, délayez-la dans l'huile jusqu'à ce que ses arômes se dégagent. Incorporez la citrouille, versez le bouillon, les zestes et la fécule délayée et portez doucement à ébullition.

Laissez mijoter pendant 10 minutes à couvert, jusqu'à ce que la citrouille soit cuite.

Retirez les légumes à l'aide d'une écumoire et réservez-les. Mixez la sauce à l'aide d'un pied-mixeur puis faites-la réduire 5 minutes à feu moyen. Hors du feu, ajoutez la sauce soja et le potiron.

Réchauffez le tout quelques instants et servez le curry de citrouille accompagné de quartiers de citron pour l'assaisonnement.

Pilaf de chou-fleur, ananas et patate douce

POUR 4 PERSONNES

Préparation : 20 min

Cuisson : 25 min

1 chou-fleur

4 rondelles d'ananas

1 petite patate douce épluchée et coupée en petits dés

35 cl de lait de coco

3 échalotes finement émincées

2 gousses d'ail finement hachées

2 tiges d'oignons nouveaux hachées

1 cm de gingembre épluché et haché finement

½ petit piment rouge coupé en deux

3 cuil. à soupe d'huile de coco

2 cuil. à soupe de graines de sésame

2 cuil. à café de curcuma

1 cuil. à café de graines de coriandre

1 cuil. à café de graines de cumin

2 cuil. à café de sauce soja

1 pincée de sucre en poudre

Retirez les feuilles du chou-fleur, rincez-le, séchez-le, puis râpez-le finement. Écrasez légèrement les graines de coriandre dans un mortier. Détaillez les rondelles d'ananas en dés. Faites-les caraméliser dans 1 cuillerée à soupe d'huile de coco avec 1 pincée de sucre. Réservez.

Faites revenir dans le restant d'huile de coco les échalotes et le piment pendant 3 minutes. Ajoutez le gingembre et l'ail hachés, les graines de coriandre et de cumin. Poursuivez la cuisson pendant 2 minutes puis incorporez le lait de coco et la sauce soja.

Ajoutez les patates douces et le curcuma, couvrez et laissez cuire à feu doux pendant 5 minutes. Incorporez le chou-fleur râpé et couvrez. Prolongez la cuisson pendant 4 minutes, jusqu'à ce que le chou-fleur soit cuit al dente.

Faites dorer, pendant la cuisson, les graines de sésame quelques minutes dans une poêle sans matière grasse.

Parsemez le pilaf de vert d'oignons nouveaux et de graines de sésame avant de servir.

Notes

Servez avec une sauce raïta : mélangez un yaourt à la grecque avec ½ concombre râpé et égoutté, 1 filet de citron, du sel et du poivre.

Korma léger de légumes racines

POUR 4 PERSONNES

Préparation : 25 min

Cuisson : 35 min

400 g d'un mélange de légumes racines (carottes jaunes, rouges, panais...)

300 g de potimarron

200 g de pommes de terre

5 échalotes finement ciselées

1 gousse d'ail hachée

1 cm de gingembre épluché et haché

2 cubes de bouillon de légumes

15 g de noix de cajou

1 yaourt nature

1 ½ cuil. à soupe d'huile

1 cuil. à soupe de curry doux (recette p. 12)

1 cuil. à soupe de concentré de tomates

2 cuil. à café de curcuma

1 cuil. à café de graines de cumin

2 feuilles de laurier

Sel

Diluez les cubes de bouillon dans 1 l d'eau chaude. Rincez les légumes, épluchez les légumes racines et les pommes de terre. Coupez en quartiers les pommes de terre et le potimarron, après lui avoir retiré les graines et les filaments. Coupez le reste des légumes dans la longueur, en deux ou en quatre, en fonction de leur grosseur.

Faites chauffer 1 cuillerée à soupe d'huile dans une poêle ou un wok, faites-y suer les échalotes pendant 4 minutes, à feu doux. Ajoutez l'ail et le gingembre hachés, prolongez la cuisson pendant 2 minutes, puis ajoutez les noix de cajou et faites cuire le tout pendant 1 minute. Délayez le concentré de tomates avec 1 cuillerée à soupe d'eau.

Mixez finement le contenu de la poêle avec le concentré de tomates et le yaourt. Réservez.

Faites revenir les graines de cumin dans le restant d'huile pendant 2 minutes. Ajoutez le curcuma, le curry et les feuilles de laurier, mélangez, puis versez la préparation au yaourt. Incorporez les légumes sauf le potiron et versez le bouillon à hauteur. Couvrez et laissez cuire pendant 30 à 35 minutes. Incorporez le potiron, salez et prolongez la cuisson pendant 15 minutes, jusqu'à ce que tous les légumes soient cuits.

Notes

Servez avec du riz blanc, du riz sauté (recette p. 92) ou tout autre type de céréales (quinoa, millet...).

Petits pois et maïs jeune

POUR 4 PERSONNES

Préparation : 15 min

Cuisson : 30 min

350 g de petits pois écossés, frais ou surgelés

125 g de mini épis de maïs en conserve

2 échalotes épluchées et hachées

2 tomates pelées, épépinées et coupées en dés

1 cuil. à café de pâte de curry vert (recette p. 15)

1 cuil. à café de garam masala (recette p. 14)

1 cuil. à café de fécule de maïs

2 cuil. à soupe d'huile

Sel

Égouttez, rincez, puis égouttez à nouveau les mini épis de maïs. Délayez la fécule dans 1 cuillerée à soupe d'eau froide.

Chauffez 1 cuillerée à soupe d'huile dans une poêle ou un wok et faites dorer les épis de maïs pendant 4 à 5 minutes à feu vif. Retirez-les de la poêle, ajoutez le restant d'huile et faites fondre les échalotes pendant 5 minutes. Ajoutez la pâte de curry vert et mélangez jusqu'à ce qu'elle soit complètement délayée.

Incorporez les dés de tomates et les petits pois ainsi que 10 cl d'eau et la fécule délayée, salez, couvrez et laissez cuire pendant 10 minutes à feu doux. Laissez réduire pendant 2 minutes.

Incorporez les épis de maïs, puis le garam masala, mélangez et réchauffez l'ensemble pendant 4 à 5 minutes. Goûtez et rectifiez l'assaisonnement si nécessaire.

Notes

Servez ce curry de légumes avec du yaourt, du pain ou des naans.

Curry de tomates

POUR 4 PERSONNES

Préparation : 15 min

Cuisson : 25 min

600 g de tomates mûres

250 g de tomates concassées en boîte

1 oignon haché

2 gousses d'ail hachées

2 cm de gingembre épluché et haché

1 piment rouge épépiné et haché

1 petit piment rouge

1 cube de bouillon de légumes

4 feuilles de curry

3 cuil. à soupe d'huile

3 cuil. à soupe de coriandre ciselée

1 cuil. à café de curcuma

1 cuil. à café de graines de moutarde

1 cuil. à café de cannelle en poudre

½ cuil. à café de graines de cumin

Sel

Plongez les tomates pendant 1 minute dans de l'eau bouillante, passez-les sous l'eau froide, puis épluchez-les. Détaillez-les en quartiers. Délayez le bouillon dans 20 cl d'eau chaude.

Chauffez l'huile, faites-y torréfier les graines de moutarde, de cumin, les feuilles de curry émiettées et le piment coupé en deux, pendant 2 minutes à feu doux.

Ajoutez l'oignon, l'ail et le gingembre hachés, faites revenir l'ensemble pendant 5 minutes, puis incorporez la cannelle et le curcuma. Retirez le piment puis mixez la sauce avec 2 cuillerées à soupe de coriandre ciselée. Ajoutez les tomates concassées ainsi que le bouillon.

Portez doucement à ébullition, puis laissez réduire pendant 5 minutes à feu doux. Ajoutez les quartiers de tomates et prolongez la cuisson pendant 10 minutes. Goûtez et salez si nécessaire.

Parsemez de coriandre ciselée avant de servir.

Notes

Accompagnez ce curry de tomates avec du quinoa, du boulgour ou de la semoule de blé.

Patates douces et épinards aux amandes

POUR 4 PERSONNES

Préparation : 20 min

Cuisson : 25 à 30 min

600 g de patates douces

200 g d'épinards équeutés et grossièrement hachés

1 cuil. à soupe d'amandes émondées

1 petit oignon

1 gousse d'ail

1 cm de gingembre épluché et haché

2 cuil. à café de ghee (recette p. 13) ou, à défaut, de beurre

1 cuil. à café de graines de coriandre

1 cuil. à café de graines de moutarde

1 cuil. à café de curcuma moulu

1 cuil. à café de garam masala (recette p. 14)

1 cube de bouillon de légumes

Sel

Pour servir

Yaourt bulgare ou yaourt à la grecque

Épluchez les patates douces, rincez-les, puis séchez-les et coupez-les en morceaux. Concassez grossièrement les graines de coriandre et de moutarde dans un mortier. Délayez le bouillon dans 35 cl d'eau.

Concassez les amandes, faites-les dorer quelques minutes dans une poêle sans matière grasse.

Chauffez le ghee ou le beurre dans une poêle ou un wok, torréfiez les graines de coriandre et de moutarde pendant 2 minutes, ajoutez l'oignon, l'ail, le gingembre et le curcuma, puis faites revenir l'ensemble pendant 4 minutes.

Ajoutez les patates douces, versez le bouillon, laissez cuire à petits frémissements pendant 15 minutes, jusqu'à ce que les patates douces soient tendres. Incorporez les épinards et faites cuire en remuant régulièrement, jusqu'à ce que les épinards soient flétris. Saupoudrez de garam masala et mélangez.

Goûtez et rectifiez l'assaisonnement si nécessaire, puis servez parsemé d'amandes grillées, accompagné de yaourt.

Champignons masala

POUR 4 PERSONNES

Préparation : 20 min

Cuisson : 25 min

500 g de champignons de Paris

1 oignon haché

2 gousses d'ail hachées

1 cm de gingembre haché

50 cl de coulis de tomates

2 cuil. à soupe de ghee (recette p. 13) ou, à défaut, d'huile neutre

2 cuil. à soupe de garam masala (recette p. 14)

1 cuil. à soupe de persil ciselé

1 cuil. à café de curcuma

½ piment vert haché

1 pincée de sucre en poudre

Rincez et séchez les champignons, coupez-les en quartiers ou en lamelles épaisses.

Faites chauffer 1 cuillerée à soupe de ghee dans une poêle ou un wok et faites-y sauter les champignons, jusqu'à ce qu'ils aient rendu leur eau. Réservez.

Versez le restant de ghee dans la poêle et faites-y revenir l'oignon, l'ail et le gingembre hachés pendant 4 minutes. Mixez l'ensemble avec 1 cuillerée à soupe d'eau pour obtenir une pâte lisse.

Transvasez le mélange dans la poêle, ajoutez le curcuma, mélangez, puis incorporez le coulis de tomates et le sucre.

Portez à ébullition puis faites réduire la sauce pendant 5 minutes à feu doux. Incorporez le garam masala et les champignons et réchauffez le tout quelques minutes en remuant.

Parsemez de persil ciselé et de piment vert haché et servez.

... les currys pour recevoir

Curry de seitan aux fruits

POUR 4 PERSONNES

Préparation : 10 min

Cuisson : 15 min

450 g de seitan

1 pomme granny smith

1 orange

1 banane

25 cl de lait de coco

3 cuil. à soupe de curry doux en poudre

2 cuil. à soupe de noix de coco râpée

½ oignon

1 cuil. à soupe d'huile

Le jus de ½ citron

Sel

Coupez le seitan en lanières. Épluchez la pomme, la banane et l'orange. Coupez la banane en rondelles, l'orange en quartiers et la pomme en dés. Citronnez la pomme et la banane pour éviter qu'elles noircissent. Hachez l'oignon finement.

Chauffez l'huile et faites-y dorer le seitan pendant quelques minutes. Retirez le seitan et remplacez-le par l'oignon, faites-le revenir pendant 4 à 5 minutes puis remettez le seitan. Ajoutez les fruits, saupoudrez de curry, mélangez, puis versez le lait de coco, salez.

Portez doucement à ébullition, puis laissez cuire pendant 5 minutes. Goûtez et rectifiez l'assaisonnement si nécessaire.

Parsemez de noix de coco râpée avant de servir.

Notes

Le curry est délicieux accompagné d'un riz blanc thaï ou basmati.

Curry de pakoras

POUR 4 PERSONNES

Préparation : 25 min

Cuisson : 15 min

Pour les pakoras

180 g de farine de pois chiche

1 grosse pomme de terre

1 gros oignon haché

1 petit piment vert épépiné et haché

2 cuil. à soupe de feuilles de coriandre hachées

1 cuil. à café de piment en poudre

1 pincée de bicarbonate

Huile pour friture

1 cuil. à café de sel

Pour le curry

35 cl de yaourt à la grecque

40 g de farine de pois chiche

1 cuil. à soupe d'huile

1 cuil. à café de graines de cumin

1 cuil. à café de graines de moutarde noire

½ cuil. à café de fenugrec

½ cuil. à café de curcuma

2 petits piments rouges coupés en deux

1 petit piment vert épépiné et haché

2 cm de gingembre épluché et haché

1 poignée de feuilles de coriandre

1 pincée de piment rouge en poudre

Sel

Préparez les pakoras : épluchez, rincez et séchez la pomme de terre, détaillez-la en petits dés d'environ 5 mm. Mélangez la farine de pois chiche avec le sel, le bicarbonate, le piment vert, le piment en poudre et les feuilles de coriandre. Ajoutez de l'eau froide progressivement jusqu'à l'obtention d'une pâte ni trop épaisse ni trop liquide. Incorporez les dés de pommes de terre et l'oignon haché. Si la préparation est trop liquide, ajoutez un peu de farine de pois chiche.

Faites chauffer l'huile dans une friteuse ou dans une sauteuse. Lorsqu'elle est bien chaude, plongez-y de petites quantités de pâte en vous aidant d'une cuillère à soupe. Laissez frire les pakoras pendant environ 3 minutes jusqu'à ce qu'ils soient bien dorés. Retirez-les de la friteuse avec une écumoire et laissez-les s'égoutter sur du papier absorbant.

Préparez le curry. Faites chauffer l'huile dans une poêle ou un wok et faites-y revenir les épices, le gingembre et les piments rouges pendant 2 à 3 minutes, ajoutez le curcuma à la fin.

Mélangez le yaourt avec la farine de pois chiche, puis versez l'ensemble dans la poêle, ajoutez 35 cl d'eau, mélangez et portez doucement à ébullition. Salez, ajoutez le piment vert haché et les pakoras. Portez de nouveau à ébullition, laissez cuire pendant 2 à 3 minutes à feu doux.

Servez parsemé de piment en poudre et de feuilles de coriandre grossièrement hachées.

Notes

Accompagnez ce curry d'une salade de jeunes pousses.

Aloo gobi

POUR 4 PERSONNES

Préparation : 10 min

Cuisson : 30 min

200 g de pommes de terre

200 g de chou-fleur en bouquets

200 g de brocolis en bouquets

100 g de petits pois

1 cuil. à soupe d'huile

1 petit oignon haché

2 gousses d'ail hachées

1 cuil. à café de curcuma

½ cuil. à soupe de graines de moutarde noire

2 feuilles de curry émiettées

1 piment vert entier

1 piment rouge haché

Sel

Épluchez, rincez et séchez les pommes de terre, puis coupez-les en cubes. Rincez et séchez les bouquets de chou-fleur et de brocolis.

Torréfiez les graines de moutarde, les feuilles de curry et le piment vert dans l'huile pendant 2 minutes. Ajoutez l'oignon et l'ail hachés et faites revenir l'ensemble pendant 4 minutes à feu doux. Ajoutez le curcuma, mélangez, puis incorporez les pommes de terre et les bouquets de chou-fleur et de brocolis.

Couvrez d'eau, salez et laissez mijoter pendant 20 minutes à feu doux. Incorporez les petits pois 5 minutes avant la fin de la cuisson.

Vérifiez la cuisson des légumes et servez parsemé de piment rouge haché.

Lentilles blondes au potimarron

POUR 4 PERSONNES

Préparation : 25 min

Cuisson : 30 à 35 min

250 g de lentilles blondes

400 g de chair de potimarron

300 g de pommes de terre

2 oignons ciselés

2 gousse(s) d'ail hachée(s)

1 cuil. à soupe de ghee (recette p. 13) ou, à défaut, de beurre

1 cuil. à café de graines de cumin

1 cuil. à café de graines de coriandre

1 cuil. à café de cannelle

1 cuil. à café de curcuma

1 pincée de piment en poudre

Quelques feuilles de persil ciselées

Sel

Écrasez légèrement les graines de coriandre dans un mortier. Épluchez, lavez et séchez les pommes de terre, puis coupez-les en quartiers. Lavez le potimarron et détaillez-le en cubes. Rincez les lentilles.

Chauffez le ghee dans une poêle ou un wok et faites-y torréfier le cumin et la coriandre pendant 2 minutes, jusqu'à ce que leurs arômes se dégagent. Ajoutez les oignons, l'ail et les lentilles. Faites suer l'ensemble pendant 5 minutes, tout en remuant.

Ajoutez la cannelle et le curcuma, mélangez, puis couvrez d'eau et laissez mijoter pendant 20 à 25 minutes. Incorporez le potimarron 15 minutes avant la fin de la cuisson. Vérifiez la cuisson des légumes et salez. Hors du feu, parsemez de piment et de persil ciselé.

Notes

Servez avec du quinoa, du boulgour ou du riz sauté (recette p. 92).

Curry de keftas aux légumes

POUR 4 PERSONNES

Préparation : 35 min

Cuisson : 50 min

Pour les keftas

200 g de pommes de terre
200 g de carottes
100 g de petits pois écossés, frais ou surgelés
150 g de cottage cheese
2 cuil. à soupe de farine
2 œufs
½ cuil. à café de garam masala (recette p. 14)
Huile pour friture
Sel

Pour la sauce

1 oignon
1 gousse d'ail
1 cm de gingembre
350 g de chair de tomates concassées en conserve
2 cuil. à café de graines de coriandre
1 cuil. à café de graines de cumin
1 cuil. à café de curcuma
1 yaourt bulgare
1 cuil. à soupe de ghee (recette p. 13) ou, à défaut, de beurre
Sel

Pour servir

25 g de noix de cajou non salées
Quelques feuilles de coriandre ciselées

Égouttez le cottage cheese en le pressant dans une passoire à grille fine. Épluchez et rincez les pommes de terre et les carottes. Coupez-les en morceaux et faites-les cuire à l'eau pendant 20 minutes environ. Ajoutez les petits pois à mi-cuisson.

Égouttez les légumes puis écrasez-les grossièrement avec une fourchette. Incorporez le cottage cheese égoutté, la farine, le garam masala, puis les œufs préalablement battus. Salez et mélangez bien l'ensemble.

Préparez un bain de friture, prélevez à l'aide d'une cuillerée à soupe de petites quantités de pâte et faites-les frire pendant 15 minutes jusqu'à ce que les keftas soient bien dorés. Égouttez sur une assiette couverte de papier absorbant.

Préparez la sauce : épluchez et hachez l'oignon, le gingembre et l'ail.

Écrasez légèrement les graines de coriandre et de cumin dans un mortier. Torréfiez-les pendant 2 à 3 minutes dans une poêle avec le ghee. Ajoutez le gingembre, l'oignon et l'ail hachés. Faites revenir l'ensemble pendant 5 minutes, puis incorporez la chair de tomates et le curcuma, salez. Portez doucement à ébullition et laissez réduire pendant 5 minutes. Mixez le tout pour obtenir une sauce lisse.

Transvasez la sauce dans la poêle, incorporez le yaourt, portez à ébullition, puis ajoutez les keftas. Laissez réchauffer l'ensemble à feu très doux pendant quelques minutes, en mélangeant fréquemment.

Concassez grossièrement les noix de cajou, faites-les griller dans une poêle sans matière grasse, puis servez le curry parsemé de coriandre ciselée et de noix de cajou grillées.

Bagara baigan (curry indien d'aubergines)

POUR 4 PERSONNES

Préparation : 20 min

Cuisson : 1 h

Repos : 1 h

2 belles aubergines (500 g environ)

2 oignons finement hachés

7 cl d'huile d'olive

2 cuil. à soupe de coriandre fraîche ciselée

2 cuil. à soupe de noix de coco râpée

2 cuil. à soupe de cacahuètes décortiquées, non salées

1 cuil. à soupe de gingembre épluché et râpé

2 cuil. à soupe de graines de sésame

1 cuil. à soupe de graines de coriandre

1 cuil. à soupe de graines de cumin

1 cuil. à café de curcuma

¼ cuil. à café de piment en poudre

½ cuil. à café d'asafoetida (ou, à défaut, d'ail déshydraté)

1 piment vert haché

Sel

Rincez et séchez les aubergines. Détaillez-les en gros cubes d'environ 2,5 cm de côté. Saupoudrez-les de sel fin et laissez-les dégorger pendant 1 heure dans une passoire.

Faites chauffer 5 cl d'huile avec 5 cl d'eau dans une sauteuse et faites-y revenir les aubergines pendant 15 à 20 minutes, en ajoutant de l'eau en cours de cuisson, jusqu'à ce que la chair soit tendre. Égouttez les cubes d'aubergines sur du papier absorbant.

Concassez grossièrement les cacahuètes. Faites griller les cacahuètes dans une poêle sans matière grasse pendant 5 à 6 minutes et ajoutez les graines de sésame pour les 30 dernières secondes. Lorsqu'elles sont dorées, éteignez la flamme, ajoutez la noix de coco et mélangez quelques secondes dans la poêle chaude. Transvasez dans un bol et réservez.

Faites chauffer 2 cuillerées à soupe d'huile dans la poêle, ajoutez les oignons, l'asafoetida, le gingembre râpé, les graines de cumin et de coriandre et le piment vert et en poudre. Faites revenir l'ensemble jusqu'à ce que les oignons soient translucides, saupoudrez de curcuma et salez. Ajoutez 12 cl d'eau, laissez cuire pendant 3 minutes supplémentaires. Mixez l'ensemble avec le mélange de cacahuètes, graines de sésame et noix de coco.

Faites revenir la pâte obtenue à feu doux pendant 5 minutes, puis ajoutez 35 cl d'eau. Incorporez les aubergines et laissez mijoter le tout à feu doux pendant 20 minutes. Rectifiez l'assaisonnement.

Servez chaud parsemé de coriandre fraîche ciselée.

Notes

En accompagnement, optez pour du yaourt et du pain ou du riz.

Nasi goreng aux champignons (riz frit indonésien)

POUR 4 PERSONNES

Préparation : 20 min

Cuisson : 20 à 25 min (hors cuisson du riz)

3 œufs

250 g d'un mélange de champignons forestiers (jeunes cèpes, pleurotes, girolles...)

240 g de riz au jasmin (ou, à défaut, de riz basmati)

200 g de mini épis de maïs

80 g de germes de soja

3 oignons nouveaux

2 gousses d'ail hachées

3 cm de gingembre épluché et haché

1 petit piment rouge coupé en deux

2 cuil. à soupe de sauce soja salée

1 cuil. à soupe de sauce soja sucrée

1 cuil. à soupe d'huile + 1 cuil. à café pour l'omelette

Faites cuire le riz en suivant les instructions sur le paquet. Égouttez-le et réservez.

Battez les œufs dans un bol, faites-les cuire en omelette dans une grande poêle huilée en plusieurs fois pour obtenir des omelettes fines. Roulez les omelettes sur elles-mêmes, laissez-les refroidir, puis détaillez-les en fines lanières.

Coupez les oignons nouveaux en quartiers. Chauffez l'huile dans une poêle ou un wok, faites-y revenir l'ail et le gingembre avec le piment rouge, pendant environ 4 minutes. Ajoutez le mélange de champignons et le maïs, prolongez la cuisson pendant 5 minutes, à feu vif, jusqu'à ce que l'ensemble soit cuit.

Incorporez le riz, les germes de soja et les quartiers d'oignons nouveaux. Faites réchauffer à feu vif, tout en remuant, pendant quelques minutes, jusqu'à ce que les oignons soient cuits et encore un peu fermes. Assaisonnez de sauce soja salée et sucrée, puis incorporez les lanières d'omelette et servez.

Notes

Le Nasi goreng est un plat typique de la cuisine indonésienne. Préparé à partir de riz frit et d'œufs en omelette, il se décline en de multiples variations suivant les saisons. C'est une excellente base pour cuisiner tous types de légumes.

Les accompagnements

Riz sauté

POUR 4 PERSONNES – Préparation : 10 min – Cuisson : 10 min

700 g de riz cuit (240 g de riz cru) • 4 oignons nouveaux ou 2 échalotes
2 petites gousses d'ail finement hachées • 1 petite carotte épluchée et rincée
4 cuil. à soupe de sauce soja • 2 cuil. à soupe de nuoc-mâm
2 cuil. à soupe d'huile de tournesol • 1 cuil. à café de sucre en poudre
1 pincée de piment • Sel

Émincez les oignons nouveaux ainsi que leurs tiges. Détaillez la carotte en tout petits dés.

Faites chauffer l'huile et faites revenir à feu vif les dés de carottes, les oignons, l'ail et le piment pendant 4 minutes. Ajoutez le riz cuit, mélangez, puis versez le nuoc-mâm et la sauce soja, ajoutez le sucre et salez.

Faites sauter le riz, à feu vif, pendant 2 à 3 minutes tout en remuant.

Riz aux épices

POUR 4 PERSONNES – Préparation : 10 min – Cuisson : 30 min

250 g de riz basmati • 100 g de petits pois • 2 cuil. à soupe de raisins secs
2 clous de girofle • 1 gousse de cardamome
1 cuil. à soupe de ghee (recette p. 13) ou, à défaut, de beurre
1 cuil. à soupe de noix de cajou non salées • 1 cuil. à café de cannelle en poudre
1 cuil. à café de graines de coriandre • Sel

Mesurez le volume du riz dans un verre doseur, puis mesurez quatre fois son volume d'eau. Retirez les graines de la gousse de cardamome. Concassez grossièrement les graines de coriandre. Rincez le riz jusqu'à ce que l'eau soit claire. Égouttez-le.

Concassez grossièrement les noix de cajou dans un mortier, faites-les dorer dans une poêle sèche sans matière grasse.

Chauffez le ghee ou le beurre, faites-y revenir les clous de girofle, les graines de coriandre et de cardamome pendant 3 minutes, ajoutez la cannelle en poudre, mélangez, puis incorporez le riz, les petits pois, les raisins secs et les noix de cajou. Salez, puis versez l'eau.

Laissez cuire à feu doux jusqu'à complète absorption du liquide, pendant environ 25 minutes. Remuez de temps en temps en cours de cuisson.

Riz biryani

POUR 4 PERSONNES – Préparation : 10 min – Cuisson : 20 min (hors cuisson du riz)

250 g de riz basmati • 100 g de chou-fleur • 100 g de pommes de terre • 100 g de carottes
80 g de petits pois • 50 g de noix de cajou • 30 g de raisins secs • 30 g d'amandes
2 yaourts bulgares • 1 oignon haché finement • 2 gousses d'ail hachées finement
1 cm de gingembre épluché et haché • 2 cuil. à soupe de ghee (recette p. 13) ou, à défaut, d'huile
2 cuil. à soupe de feuilles de coriandre hachées • 1 cuil. à soupe de feuilles de menthe hachées
1 cuil. à soupe de concentré de tomates • 1 bâton de cannelle
1 cuil. à café de graines de coriandre • 1 cuil. à café de curcuma + 1 pincée
1 cuil. à café de garam masala (recette p. 14) • 1 pincée de piment • 2 clous de girofle
1 gousse de cardamome • Sel

Faites cuire le riz en suivant les indications sur le paquet. Égouttez-le, passez-le sous l'eau froide et égouttez de nouveau.

Épluchez les pommes de terre et les carottes. Rincez et séchez les légumes. Détaillez les légumes, sauf les petits pois, en petits morceaux.

Mixez le gingembre, l'ail, la moitié des feuilles de coriandre avec la moitié des noix de cajou. Diluez le concentré de tomates avec 1 cuillerée à soupe d'eau. Concassez les graines de coriandre, puis le restant de noix de cajou et les amandes.

Faites chauffer le ghee dans une poêle, ajoutez les graines de coriandre, faites-les torréfier pendant 2 minutes avec les clous de girofle, la gousse de cardamome entière et le bâton de cannelle. Ajoutez l'oignon et le curcuma, puis faites revenir l'ensemble pendant 4 minutes, jusqu'à ce qu'ils soient tendres. Incorporez ensuite la pâte au gingembre et aux noix de cajou et mélangez pendant 1 minute, puis ajoutez le concentré de tomates et le piment en poudre.

Incorporez les légumes, salez et laissez cuire à petits frémissements pendant 10 minutes environ jusqu'à ce que tous les légumes soient cuits. Ajoutez le riz, les noix de cajou et les amandes concassées, les raisins secs et le garam masala. Mélangez et laissez réchauffer à feu doux quelques minutes.

Mélangez les yaourts avec le reste des feuilles de coriandre et la menthe. Salez et ajoutez 1 pincée de curcuma.

Servez le byriani avec le yaourt aux herbes.

Mesures utiles

1 NOISETTE DE BEURRE =
4 grammes

1 NOIX DE BEURRE = 15 grammes

1 CUILLÈRE À CAFÉ =
- → **5** grammes de sel, sucre ou huile
- → **7** grammes de beurre
- → **0,5** cl de liquide
- → **5** grammes de farine ou de semoule

1 CUILLÈRE À SOUPE =
- → **15** grammes de sucre, farine ou beurre
- → **12** grammes de crème fraîche ou huile
- → **1,5** cl de liquide
- → **3** cuillères à café

1 PINCÉE DE SEL =
0,3 à **0,5** gramme

1 MORCEAU DE SUCRE =
5 grammes

Températures du four

THERMOSTAT	TEMPÉRATURE APPROXIMATIVE
1	**30 °C** (à peine tiède)
2	**60 °C** (tiède)
3	**90 °C** (chaleur très douce)
4	**120 °C** (chaleur douce)
5	**150 °C** (chaleur modérée)
6	**180 °C** (chaleur moyenne)
7	**210 °C** (assez chaud)
8	**240 °C** (chaud)
9	**270 °C** (très chaud)
10	**300 °C** (chaleur vive)

Index

Dans la même collection

LES TARTES DÉCO
LES GÂTEAUX INVISIBLES
LES DESSERTS GIVRÉS
LES SANDWICHS CAKES
LA PLANCHA
LE QUINOA
LES BOUILLONS
LES DESSERTS DE MAMIE
CUISINE POUR LES GEEKS
SMOOTHIES GOURMANDS

Directeur éditorial : Didier Férat
Édition : Marjorie Goussu
Graphisme : Julia Philipps
Mise en page et photogravure : APS-Chromostyle
Fabrication : Laurence Duboscq

Solar | un département | place des éditeurs

ISBN : 978-2-263-15014-2
Code éditeur : S15014
Dépôt légal : mars 2017
Imprimé en Espagne par Gráficas Estella

FSC
www.fsc.org
MIXTE
Issu de sources responsables
FSC® C003309